100种时间管理的小方法

100 SMALL WAYS TO MANAGE TIME

[加]奥利弗·卢克·德洛里 著

孙锦甜 译

广西科学技术出版社

著作权合同登记号　桂图登字：20-2021-258 号

图书在版编目（CIP）数据

100种时间管理的小方法/（加）奥利弗·卢克·德洛里著；孙锦甜译. —南宁：广西科学技术出版社，2022.3

ISBN 978-7-5551-1714-8

Ⅰ. ①1… Ⅱ. ①奥… ②孙… Ⅲ. ①时间—管理 Ⅳ. ①C935

中国版本图书馆CIP数据核字（2021）第245270号

100 ZHONG SHIJIAN GUANLI DE XIAO FANGFA

100 种时间管理的小方法

[加] 奥利弗·卢克·德洛里　著　　孙锦甜　译

策划编辑：刘　洋　　　责任编辑：蒋　伟
责任审读：张桂宜　　　产品监制：冯　兰
版权编辑：尹维娜　　　责任校对：张思雯
责任印制：高定军　　　营销编辑：芦　岩　曹红宝
装帧设计：古润千溪　　插　　画：[英]罗西·斯科特

出 版 人：卢培钊　　　出版发行：广西科学技术出版社
社　　址：广西南宁市东葛路66号　　邮政编码：530023
电　　话：010-58263266-804（北京）　0771-5845660（南宁）
传　　真：0771-5878485（南宁）
网　　址：http://www.ygxm.cn　　在线阅读：http://www.ygxm.cn

经　　销：全国各地新华书店
印　　刷：北京华联印刷有限公司
地　　址：北京市经济技术开发区东环北路3号　　邮政编码：100176
开　　本：710mm × 960mm　1/16
字　　数：100千字　　　印　　张：8
版　　次：2022年3月第1版　　印　　次：2022年3月第1次印刷
书　　号：ISBN 978-7-5551-1714-8
定　　价：58.00元

前言 Foreword

我认为没有什么技能比掌握如何管理自己最强大的资源——时间，更有价值。所以，当我的编辑让我写一本关于时间管理的书时，我没有丝毫犹豫。如今，几个月过去了，与开始研究和写这本书之前相比，我的效率提高了一倍。可以说，在本书列出的100种方法中，有足够多的小妙招，可以“杀死”贪得无厌的时间杀手，它们如同潜伏在暗处的怪物，渴望像之前一样吞噬你的时间，自豪地享用被你称为“生活”的自助大餐。如果每天多一个小时，你会做什么？你会如何安排每年多出的一个星期？我强烈建议你记住这句话：如果某件事对你很重要，你自然会挤出时间。

奥利弗 · 卢克 · 德洛里

★本书没有固定的阅读顺序，你可以对照目录找到最喜欢的一种方法去实践，也可以闭上眼睛随便翻到某一页。

目录

Contents

第一章　工作时间

第二章　私人时间

第三章　美好时光

第一章

Chapter.01

工作时间

1

呼出压力

无论你在哪里生活，压力都是有效时间管理的敌人。对抗压力最好的方法之一，就是放松。休息 5 分钟，做几次深呼吸，直到你感觉好点了，再慢慢地赶上进度。

时间管理的基本要点：通过呼吸让自己沉浸在当下。

2 准时到达和离开

准备好，绿灯亮起就出发。你的准时和专业精神会给团队留下深刻的印象。在任何工作集会进行时，你越有条理，就越容易在预定的时间离开（因为你始终完全投入、充分参与）。这将为你赢得同事的尊重（他们甚至不会注意到你起身离开），因为他们忙于拖延（延长会话时间）。

当你有重要的工作要做时，请严格按照计划进行。

3

提前计划

你能预见多远的未来？即使只能瞥见明天，也要提前计划。你需要做什么？你想做什么？自发性是有用的，不过提前知道自己在做什么、什么时候做以及如何做，你将能在需要加速的关键时刻提高效率。

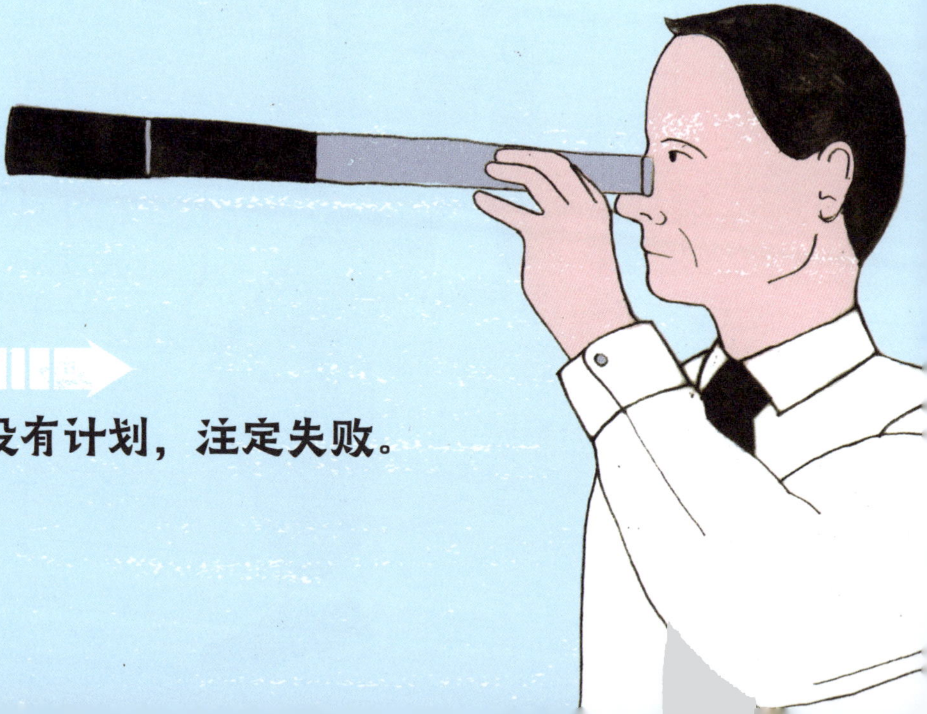

没有计划，注定失败。

4

不要等待迟到的人

会议开始时锁门是有效的，但对团队中比较敏感的成员而言可能有点苛刻（尤其是在他们迟到时）。更好的做法是不等他们，直接开始。因为时间是累加的，所以别让那些拖沓的人阻碍你的进步。

谁的时间更重要？

5

电话会议

为什么要花费几小时在交通、排队、安检上？何必在去下个会议的路上因为减速带而不得不放慢速度，耗费时间？技术已经可以让你在世界的任何地方与同事“见面”了。硬件和软件电话会议都是价格实惠、使用方便的解决方案，并能帮你节省最宝贵的资源——时间。

对于大多数会议而言，
出席已经足够了。

6

聘用你的朋友

你或你的公司在招聘人才和骨干上花了多少时间和金钱？从哪里开始找？是否雇用第三方为你招募执行、创意、技术等人才？如果你能从自己的社交圈里找到新员工，并有信心为他们做担保，那么你就可以停止向猎头支付他们应得或不应得的报酬了。

你就是你的朋友们的内置参考，这将加快招聘流程。

7

利用模板

没有必要从头开始。从预算到 3D 打印，每件事都有数以千计的模板可供选择。因为在你之前已经有成千上万人完成了一半的工作，所以你要学会熟练地使用复制和粘贴。站在巨人的肩膀上，利用模板来提高生产力，这样你就可以在更短的时间内完成更多的事情。

利用模板来提高效率，这样你就可以用更少的时间做更多事情。

8 二八法则

这个统计学方面的原理被称为帕累托法则（The Pareto Principle）。你可以将它理解为 80% 的结果来自 20% 的努力，而 80% 的努力只会产生 20% 的结果。从现在开始，为了让你的金钱得到最大回报，花点时间思考一下如何将这条法则应用到个人生活和职业生涯中，这一做法将改变游戏规则。

多要你想要的，拒绝你不想要的。

9 关注结果而非过程

你有多少时间处于“忙碌”的状态？仅仅参与了网络社交并不意味着你一定是在富有成效地，或是在明智地利用时间。还记得分配和利用好时间是如何创造巨大回报的吗？同样，强调“可交付成果”和“项目成果”（而非沉浸在日常工作中，被例行公事占据精力）有助于集中精力以取得切实的成果，从而让自己（和老板）感到惊喜。最后，比起在重复性工作中忙得团团转，上述成果能够更快地转化为津贴和福利。你想从生活中得到什么？

管理时间时，要注重质量，而非数量。

10

承担可计算的风险

如果你曾经做过收益表，进行过 SWOT（即优势、劣势、机会和威胁）分析，或者只是在餐巾纸上草草写下了一份利弊清单，那么你已经找到了正确的方向。在做决定之前，尽可能多地收集信息是明智的做法，但仍要为自己提供参数（和一定的时间）来评估风险，因为尝试新事物既可能让人感到兴奋，也可能令人感到恐惧。因此，了解你所面对的事物，才能减少潜在损失。

避免陷入分析给你布置的时间陷阱。

11

划分优先级

任务堆积并非世界末日，因为你已经根据自己的好恶为它们划分优先级了。如果某件事情很重要，你总会挤出时间的。但是，当你有太多事情要处理而不知所措时，会发生什么？你要做出专业人士的行为：一次完成一件事。不知道先做什么？想想看：什么事情需要最先做？

给“吱吱”叫得最响的轮子涂上润滑油，绝不会错。

12 巩固地位

生活越混乱，浪费的时间就越多（而且再也无法弥补）。如果责任、债务或家务的海洋正在淹没生活之舟，你感到自己即将沉没，那么是时候堵上船上最大的漏洞来解救自己了。如果甲板开始松动，你就得听凭海水的摆布了。另外，合理地合并任务会巩固你的地位，带来长久的安全感。

先完成棘手的事情，这样你就可以放松了。

13

确定三种结果

在很多情况下，事情都有三种以上可能的结果，但是现在，让我们简单地列出三种。想象一下，如果有人做了与你的期望相反的事情，会发生什么？如果一个项目的结果比预期的更好会怎样？如果彻底失败会发生什么？你能处理、解决或随它去吗？如果最糟糕的情况发生了呢？只关注潜在的消极结果会适得其反，所以需要想出两种积极的结果和一种差强人意的结果来保持平衡。

通过预测未来可能会出现的结果，可以更好地管理资源。

14 单一任务

人们总是吹嘘自己可以同时处理多项任务，但专家表示，这并不是值得骄傲的事情。无论你在更短时间内完成了什么事情，专家们都不认为人们擅长同时处理多项任务。是的，事情完成了，但是质量如何？如果你分心了，那么你就没有完全集中注意力。

真正有效的是“单一任务”的理论和实践，即一段时间内将注意力和资源集中在一个人、一个地方、一件事情上，如此一来，你就能确切地知道正在发生的事情，从而取得更好的结果。

如果一项计划、爱好或其他追求对你而言意义非凡，何不全神贯注地完成它呢，哪怕只是每天拿出 30 分钟？

一次只关注一件事。

15

学会委派

如果你可以克隆一个自己，你会改变行为方式吗？你会关注什么？请学会把不喜欢的重复性任务或活动委派给他人，以便合理利用时间。你并不擅长所有主题或项目（也不是执行每一项任务时都乐在其中），但有人是。你的负担恰好是某些人情有独钟的，所以请他人来帮你分担这些重担，这样你就能专注于做自己最擅长的事情了。

让别人替你干你不喜欢和不擅长的活。

16

利用技术

每一天，人们都在思考和创造新的技术，以使生活更美好、更容易、更方便、更愉快，并且希望其可以提供更多的信息、优势，有更长的寿命，以及更多的时间、爱与资源。这是艰巨的任务。拥抱科学和技术领域的现实进展吧，它们有望满足你的要求，让你以从未想过的方式成长并受益。

科技，仅仅是个开始。

17 实行无纸化

纸和纸制产品或许永远是我们生活的一部分，但你可以减少使用、浪费和购买（或根本不买）纸张，可以将文档数字化，也可以要求生意伙伴在与你打交道和沟通时这样做，以节省时间。

减少用纸将会减轻办公桌和文件柜的杂乱程度（你最终都会丢弃这些纸的）。如你所知，制造和整理杂乱都会占用时间。

幸运的是，有大量的应用程序可以将你对纸张的依赖程度降到最小值，同时让你最大限度地享受商业和个人发展带来的益处。

节约时间和自然资源（树木），实行无纸化。

18

使用合适的工具来完成工作

如果水管工人到你家修理漏水的水龙头，他可能会在 5 分钟内完工，但收费 100 元。你对自己说："是时候转行了。"你问水管工人为什么这么贵。他笑着说："零件价值 10 元；知道是什么问题，该用什么工具，以及如何使用工具，这些价值 90 元。"租赁或借用所需工具将节省时间，因为你不需要移动、储存、投保、清洁、维修，甚至最终自己更换它们。

没有人会用叉子给花园除草。

豌豆

豌豆

19 在便利贴上列出待办清单

必须做的事情越少，紧张性头痛的困扰就越小。没有什么不朽的事业，也没有什么难以解决的待办事项清单不能被写在便利贴上。携带方便、黏性强的小纸条丢失的可能性也更小，所以如果你选择接受它，把它放在身边，它就能使你保持专注。

这些鲜艳的、黏黏的小方纸带来了生产力的变革。

20

研究最佳做法

解决问题的最佳方法是什么？为了解决类似问题，你最成功的同伴、最羡慕的竞争对手，以及最聪明的家人会如何行事？专业人士会如何破译你费尽心思设置的密码？你需要的信息就在那里，你只需找到、理解它，并付诸实践。如果第一次不成功，那就不断努力尝试。

研究并实施你能找到的最有效的策略。

21

创建系统

就像自发地随兴编造的东西会令人兴奋一样，当系统结构化、自动化地运行，能确保最佳的性能水平时，家庭、组织和企业才能在巅峰状态下运转。系统越完善，结果就越好。留意同事、同行和竞争对手，以确定系统在公共或私人框架中的位置及用法，如此你便可利用时间和资源，持续提供更高质量的产品和服务（或完成家务，享受更多的休闲时间）。

系统是人类成功的秘密公式。

22

别再拖延

一天有 24 个小时，睡觉、吃饭等维持生命的必要活动平均只会消耗 10—12 个小时。你是否曾想过，如果站起来做你幻想过的事，你能完成什么？用丰厚的奖励（或者惩罚，如果你喜欢的话）说服自己行动起来，因为只有你才能激励自己。安排好时间，做需要做的事情，你会让自己大吃一惊。

你还在等什么？

23

减少分析

不要沦为无用的“分析瘫痪”*的牺牲品，否则你会屈服于信息过载的诱惑，并在这个过程中浪费大量时间，最终发现自己还在原地打转，而无法采取任何明确的行动（或做出任何决定）。人们很容易被事实、数字、统计资料和数据击溃，但没有人能在正确的时间拥有所有答案（也没有人指望你像预言家一样明智地预见未来）。只要保持灵活，你就能在前进的过程中不断纠正方向。

根据现有的信息做出最好的决定。

*注：“分析瘫痪”是指因分析过多造成无法决策的一种现象。

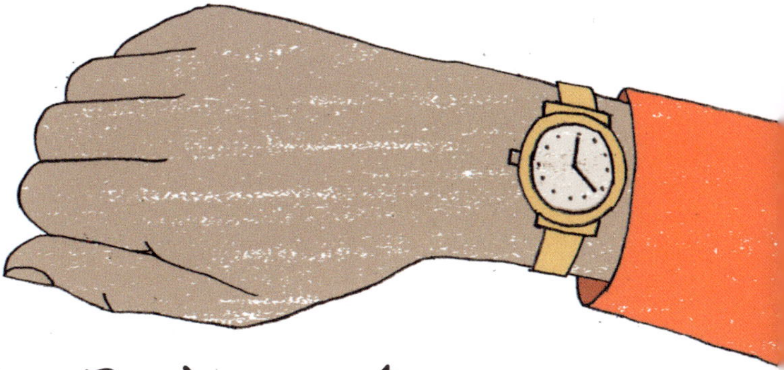

24

给自己设定一个截止日期

当你为了完成项目或赶上截止日期而临时抱佛脚时，你会激发出大量的能量、创造力和肾上腺素。为自己设定一个可实现的截止日期，这将有助于保持你的积极性和组织性，如此你便可以及时完成工作。如果在你过去的经历中发现，按时完成任务并不容易，也不要焦虑。越是挑战自己去履行自我设定的义务（并且做到了），你就会越早收获那些只有已经掌握诀窍的人才能获得的奖励。

做你说过要做的事情，按时做，你会改变自己的生活。

25

和高效的人在一起

你最好的朋友能管理好他的时间吗？你经常给谁打电话、发信息或发邮件寻求建议？他们的生活是否有条理、富有成效？他们对生活是否满意？把与你相处最多的五个人的组织能力、财务状况和生活方式平均一下，你将得到一张精准的时间管理表格。如果说物以类聚、人以群分，同类的鸟儿一起飞，那么你窝里的鸟儿是多产高效，还是懒惰拖延？

你可以在耳濡目染中养成好习惯。

15 分钟
× 500
15 分钟
× 40
15 分钟
× 10
15 分钟
× 2
1
= 15 分钟

26

让你的休息富有成效

你如何度过工作间隙？用咖啡浸泡，还是看着时间被一股股香烟烟雾熏走？何不把时间用来回复重要的短信和电子邮件，回电话，和同伴进行有意义的对话，找一个安静的地方冥想、拉伸、阅读，或者计划如何度过当天剩余的时间呢？分秒必争，是时间管理中必提的词语。

每次休息 15 分钟 × 每工作 1 年休息 500 次 = 125 小时。

27

把工作留在工作时间

就像来自两个对立的足球俱乐部的球迷一样，工作和休闲最好分开。除非你每周为自己工作 80 小时（因此不必每周为他人工作 40 小时），否则当到了关闭电脑、设置闹钟、扫地或者锁门的时候，就该把全部的精力放到你爱的人和活动上。这意味着你要从工作中解脱出来，这样当你回家、去酒吧享受欢乐时光，或者去湖边的小木屋时，你就可以全身心地投入到当下。

不要让工作介入你和最重要的事情之间。

28 创建文件归档系统

你喜欢烘焙吗？创建文件归档系统其实很容易，就像做馅饼一样，也可以像做蛋糕一样（取决于你喜欢哪一种）。如果你有一个归档系统，首先要把重要文件整理好（甚至不用放在同一个地方），以便省下此前用于寻找那些放错地方的账单、收据和合同的时间。但也没有必要把事情复杂化，让存档过程简单一点，无论未来风向如何，你都可以期待从现在开始工作（尤其是琐事）变得一帆风顺。附言：如有必要，可以寻求帮助。

盲目地寻找等于浪费时间。

29

保存一个想法文件

真是个好主意！半夜醒来，对自己发誓说会记住梦境留下的“宇宙的奥秘”，结果几个小时后清醒了，却绞尽脑汁也找不回答案。一旦有了一个想法文件，你在床边笔记本上草草记下的所有内容都可以按照字母顺序或其他方便你检索的方式整理到里面。这个想法文件将会成为一座金矿，每当需要灵感的时候，你都可以光顾。

保存想法文件的关键是保持想法的条理性，并且放在同一个地方，这样你就不必匆忙地去寻找（或记住）这些想法了。

30 利用时间

如何最有效地利用你的时间？你是什么时候进入状态的？利用能产生最有利结果的时刻和活动，是实现时间利用最高效的方法。你擅长用弹弓吗？如何做到一石二鸟（甚至一石三鸟）？你想学习一门新语言吗？在锻炼或堵车的时候学吧。你想在公交车上处理电子邮件吗？这比有趣（但无用）地看手机更胜一筹。有效利用时间并不是要你同时处理多项任务。利用时间意味着把时间花在效用最高的事情上（参见第016页《二八法则》）。

时间静止时，也要继续前进。

你好

31

只碰一次

桌面上有东西时，不要拿起来或者盯着它，除非你要马上把它归档或者回应别人的请求。如果你打开了一封邮件，那就立即阅读并回复。任何东西不要触碰超过一次。如果你正在清理车库，翻出的任何东西都应该当场处理。反复移动物品是没有意义的，花费过多时间针对如何处理某件物品做出第二次（或第三次）决定同样没有意义。

做一件事，完成一件事。

32

避免没有议程的会议

没有议程的会议称为聚会。如果有工作或者有决定要做，那么没有议程的会议是毫无意义的，而且会浪费大量时间，除非它们是头脑风暴会议（在这种情况下，“头脑风暴会议”应当被列为待办事项）。你知道工作场所的会议是什么样的。生意做成了吗？出勤是强制的吗？如果不是，那就减少你在这类“宴会”上浪费的时间，继续埋头苦干吧。

你花在某件事上的每分钟都不能再被用在其他事情上。

33 头脑风暴

规则一：在头脑风暴的桌面上，不给左脑和过度分析留位置。要留出专门的时间来计划、构思、发明新的方法，以便管理需要被管理的东西。

规则二：没有规则。有些人称头脑风暴为“思想倾泻”，这样做的好处是，你可以尽可能多地（且不带任何批判地）捕捉到不切实际的想法。是的，有些想法略显轻率，但有些想法却能在工作与生活的各个方面为你带来巨大突破。如果这不是在好好利用时间，那什么才是?

对头脑风暴会议进行投资，会产生丰厚的收益。

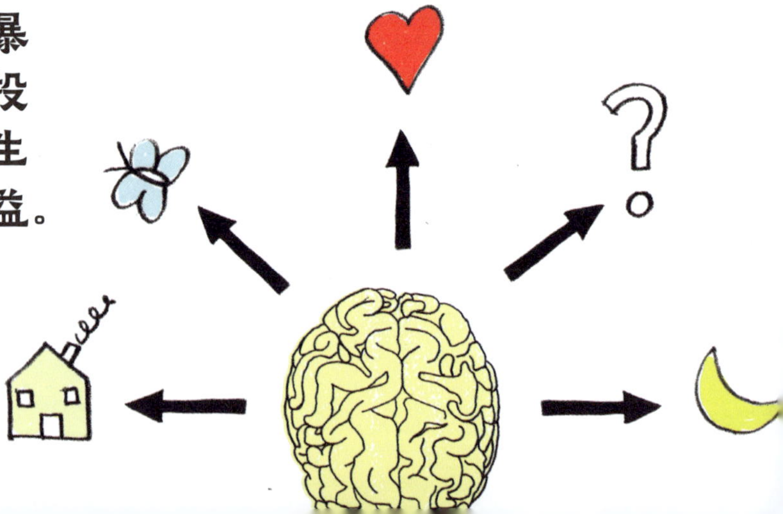

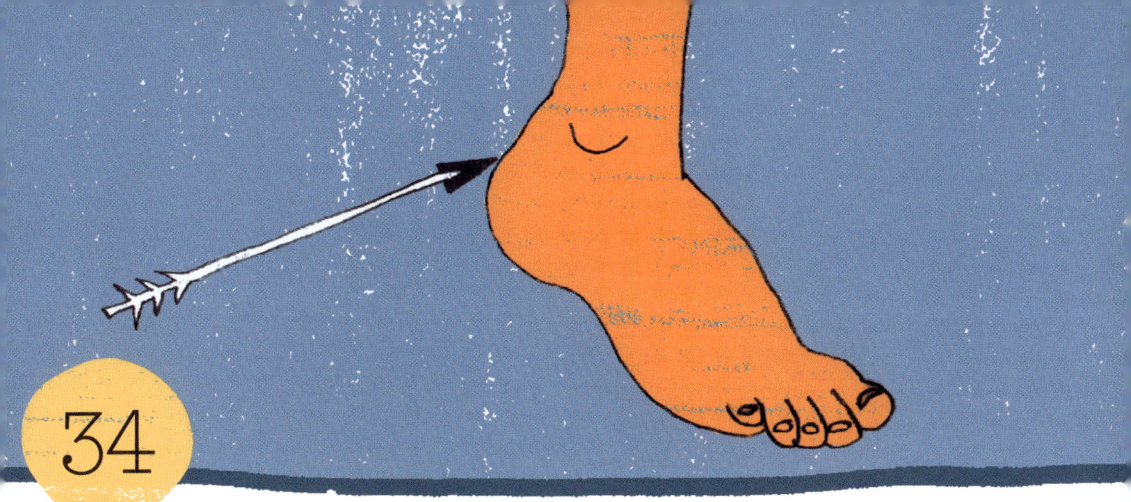

34

不要在项目开始时就处于不利地位

信念是最好的保证，但如果在完成某个项目时不能完全投入，那么最好就不要开始，因为这简直是浪费时间。这一致命弱点被比喻为“阿喀琉斯之踵”*，是无数企业家、创意人士和冒险人士的祸根。类似案例如此之多，以至于仅就这一基本哲学理念就可以写出大量著作。如果不能完全看清最后的细节，就不要走下一步。是的，最好把失败看作一次学习的机会，但为什么要避易就难地学习失败呢?

跟着自己的心走，前提是心在正确的地方。

*注：“阿喀琉斯之踵”原指《荷马史诗》中的英雄阿喀琉斯身上唯一的弱点——脚后跟，现引申为致命的弱点。

第二章

Chapter.02

私人时间

35 建立例行日程

如果你正在阅读本书，你很有可能倾向于随心所欲的时间管理风格以及随遇而安的行事做派。但是同大多数人一样，你可以根据自己每天在同一时间习惯做的事情，建立起早上、下午或晚上的例行日程。维持、补充现有的例行日程其实很简单，只需认可已经存在的框架，然后将新的习惯或活动融入其中。

学习像机器人一样行事，避免浪费时间。

36

谢谢，但是不要

承认不想做某件事情(然后优雅地拒绝)会为你节省大量的时间、金钱和精力。试图取悦所有人是行不通的（你可能已经知道这一点了）。说“谢谢，但是不要”需要勇气和练习，但你可以维护自己的权益，安排自己的时间表。以下场景（第 053 页）可以让你了解到说出这句话有多简单。

说“谢谢，但是不要”可以减少头痛，减轻压力，节约时间和金钱。试图取悦所有人是行不通的。

他们：“妈妈，你能帮我清洗上班穿的衬衫吗？”

你：“哦，亲爱的，我很高兴你能欣赏我帮你洗衣服的技艺，不过我想你该学会自己洗衣服了。来，我教你怎么做。”

他们：“你能借点钱给我吗？”

你：“谢谢你问我，但我现在手头很紧。”

他们：“我们在想，我们可以和你们一起过圣诞节。”

你：“听起来不错，但是我们已经预定了去（插入某个遥远的地方）的旅行。”

他们：“你愿意和我约会吗？”

你：“哦，你这么问让我受宠若惊，不过我已经有约会对象了。”

他们：“今天一起吃午饭吧（解读：说同事的闲话，发牢骚）。”

你：“谢谢，但我打包了午餐，下次吧。”

37

把问题消灭在萌芽状态

当山峰还是小土坡的时候，用手就可以轻松地把它们推倒，就像吉他手弹吉他时那样。留出的时间越久，事态恶化的程度就越严重（有时还会失控）。在情况变得过分之前，最好说该说的话，或者做该做的事。在雪花变成雪球之前把它融化，这不只可以为你节省时间，你还会发现：是不是头痛减轻了，压力减少了，情况好转了？记住，在火星变成火海之前把它熄灭。

一分预防抵得上十分治疗。

38

完善决策流程

你现在是怎么做决定的？挤出一些创造性时间来确定什么对你是重要的，然后训练你的勇气或直觉；也可以求助亲朋好友，来帮你设计一个能更快做出更优决策的流程。在斟酌该走哪条路时花的时间越少，你就能拥有更多时间去探索支线，那里隐藏的宝藏正等着你。

遇到岔路，选一条走。

39

配合你的生物钟

你是喜欢早起的人还是夜猫子？如果你还没有留意过自己的生物钟，那么从现在开始注意自己什么时候最有创造力、效率最高、精力最充沛吧。研究表明，有些人在睡觉前创造力最强，但大多数人在疲惫程度最低的时候效率最高。如果你恰好喜欢根据月亮的变化周期来干活（无论是工作还是做家务），那么据此确认自己每日和每月的生物钟就不算牵强。但并非每个人都能在睡前头脑风暴一下，因此，另一种充分利用时间的方法是了解自己的状态起伏。

在精力最充沛的时候尝试完成最困难的任务。

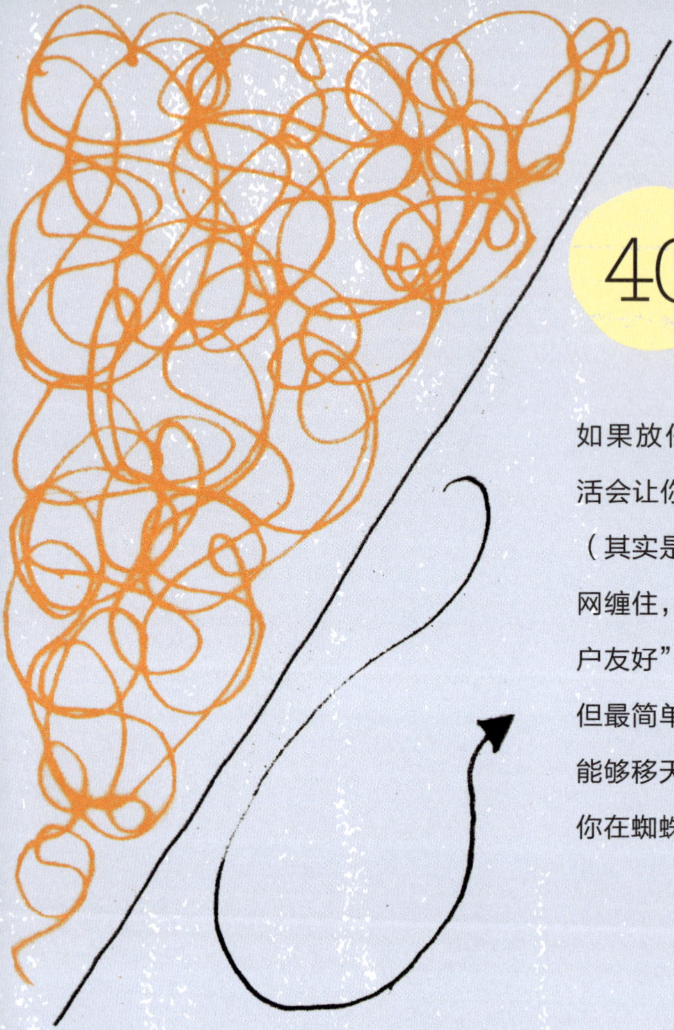

40 简化生活

如果放任不管，详尽、精细、复杂的生活会让你陷入麻烦。只是为了让自己忙碌（其实是分心）便填满日程，会让你被蛛网缠住，从中逃离的唯一方法是选择“用户友好”的版本。任何问题都有多种答案，但最简单的答案往往是最好的。因为简单能够移天换地，腾出一些额外的时间，让你在蜘蛛抓到你之前逃跑。

香草口味的冰激凌永远最受欢迎。

41

正念很重要

智慧来自经验，但你在人生之旅的任何时刻都可以拥有正念。不要觉得你必须买一张前往印度的单程票，然后爬上高山才能得到启示。你要用更多的意识来感知生活，并学会自我觉察，当你的专注度提高了，时间自然够用。

在正念状态中，时间似乎会消失。

42

了解自己的极限

什么人或什么事占据了你过多的时间？虽然目前你没有练习为占用的时间设定或遵守限制，但是每个人都有自己的临界点。你可能非常慷慨，但不久后也会感到筋疲力尽。通过刻意限制自己的责任，你能为最重要的人和事腾出时间。

一家彩票公司的格言是：“了解自己的极限，在极限内玩乐。”

43

安排家务

可能在你的成长过程中，家中的冰箱上贴着为每个人安排的家务日历。如果你的父母没有把这种严格的制度强加给你，也许用心良苦的大学室友会要求你参与进来。不管怎么说，安排（和委派）家务将有助于房间保持干净和整洁，前提是按时完成家务。记得收集每个人的反馈，问问他们在完成每项家务时需要的时间，这样一来，表格就可以随着每个人的成长而不断完善。

在洗碗上节省的 1 分钟
可以用在插花上。

44

设置边界

超越自己的极限去满足其他人的要求，这通常会让你在情感和身体上（有时还会在精神上）感到精疲力竭。反之亦然。如果任由自己被不恰当的时间要求所支配，你就丧失了对自己生活的掌控，并进一步降低了自己的地位。无论是在家庭中还是在工作中，设置（并维持）边界都是健康人际关系的标志。只要与他人沟通自己需要的物品、时间和原因，你就不会出错。

设置边界时，可以这样开头：
“我觉得……”“我需要……”

45

用 1 分钟节省 5 分钟

研究表明，每在计划上花 1 分钟可以在执行时节省 5 分钟。你能想象效率提高 5 倍吗？你会如何度过多余的时间？当然，计划的战略性越高，结果就越好，但也要记住熟能生巧。没想到吧，有了这个简单的策略（以及其他 99 种时间管理的方法），你就拥有了掌控生活所需的一切。现在花 5 分钟时间，深刻领会一下这一点吧。

研究表明，在提前计划上花费的每一分钟，都可以节省 5 分钟的宝贵时间。

46

不要在 5 分钟的问题上花费 20 分钟

不言而喻，这一简单而有价值的时间管理策略会转换你的思维（希望你在阅读标题时突闪灵光）。这似乎是常识，但判断哪些问题值得你花 5 分钟来解决，哪些需要 20 分钟，则取决于问题本身。

显而易见，这一策略会让你成为时间的主人。

5 分钟的问题：晚餐做什么？

20 分钟的解决方案：坐在一堆烹饪书籍前，对着每一张照片流口水。

5 分钟的解决方案：打开冰箱，挑选三种食材，开始烹饪。

5 分钟的问题：约会穿什么？

20 分钟的解决方案：在购物中心花一天的时间，用信用卡买一整柜的新衣服。

5 分钟的解决方案：打开衣柜，选择你最喜欢的三套衣服，试穿，然后根据你觉得哪件最适合今天的约会来决定。

5 分钟的问题：回复什么内容？

20 分钟的解决方案：拖延一会儿，然后花几个小时回复每个人。

5 分钟的解决方案：确定需要你立即关注的信息，回复它们，然后将剩下的信息委托给别人或忽略。

5 分钟的问题：看什么电影？

20 分钟的解决方案：上网，陷入一个又一个查看预览的旋涡。

5 分钟的解决方案：闭上眼睛，在精选电影页面滚动鼠标，随机选择一个。

5 分钟的问题：购买什么品牌的产品？

20 分钟的解决方案：查看消费者监督报告的细节。

5 分钟的解决方案：跟随直觉，依据需求和喜好选择最佳产品。

47

屏蔽来电

电话是天赐的礼物。而在享受电话为你的生活和工作带来方便的时候，你也要学会减少花费在无用细节上的时间，比如处理来自世界各地的各类电话等。秘书、私人助理或家庭成员，他们都值得称赞，因为他们为你节省了数年时间，否则你可能要一一接听，而屏蔽键是为宝贵的时间设置的保障。

美国演员布拉德 · 皮特（Brad Pitt）在电影《搏击俱乐部》（*Fight Club*）中扮演的角色说：“我从来不接电话。”

48

早些起床

觉得一天的时间不够用？虽然闹钟可能是你的死对头，但想要完成更多的任务，日落而息、日出而作才是你需要做的。想要更多的和平与安宁？早上 6 点，吠叫的狗、不开心的孩子以及割草机发出的噪声都会更少（更不用说上班路上的车辆也少了）。

早起的鸟儿有虫吃。

49

照顾好自己

管理好你的时间至少需要一样东西：你自己。如果没有一个好的状态，那么完成任何事情都需要两倍的时间（甚至更多）。如你所知，保持良好的情绪、身体和精神健康是生存（更不用说在冒险中茁壮成长了）的必要条件。没有人比你更清楚自己需要什么，但这也意味着你要对自己的健康、财富和幸福全权负责。

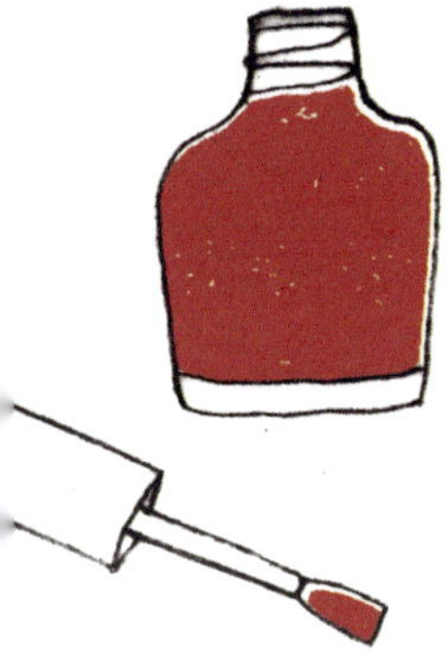

小草不需要努力就能生长，你也是。

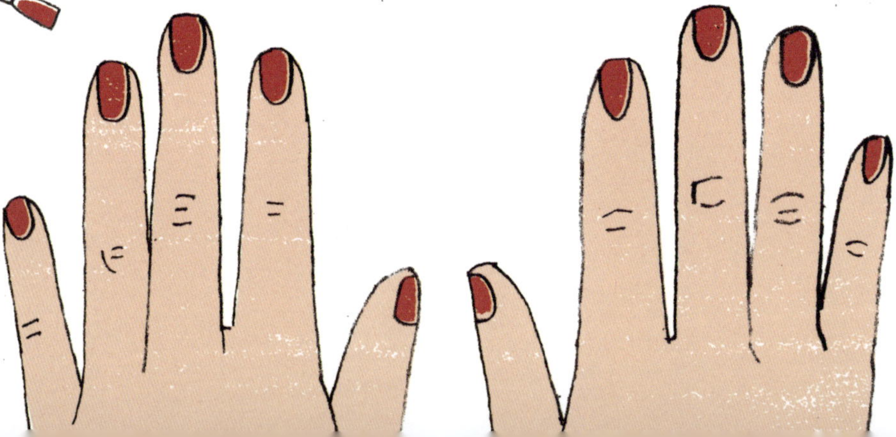

读一本提升自我的书：如果你渴望改变自己的生活，有无数的顾问（包括认证和非认证的）渴望分享他们关于如何提升自我的建议和技巧。不如去图书馆或书店，随你挑。

锻炼：上下，上下；一，二，三，四。如果不疼，就没有效果。痛苦才有收获，如果很容易，也就不值得了。穿上跑鞋，绕着街区走走。如果你顺利地完成了这件事，那么下次可以放松脚步，慢跑起来。

有目的地躺在床上：刷牙、上厕所、吃碗麦片。现在回到床上，躺在那里。是的，你很可能会感到内疚（甚至焦虑），但是深呼吸，享受此刻。关掉手机，继续睡觉。

自己种蔬菜：不管用什么方法，找到一块菜地或只是一个花盆，向在秋季博览会上获奖的邻居或者祖父母询问如何自己种植蔬菜。在收获的季节，你可能会发现自己陷入狂喜。

度过精神健康的一天：在当地的水疗中心预约，让自己享受快乐时光。做个按摩、面部护理，修指甲，做足疗，泡个泡泡浴（或者洗个热水澡），然后午餐吃些蔬菜，喝点麦草汁。

50

合并任务

在去上游泳课的路上，你有时间去趟杂货店吗？你需要加油吗？大多数人天生都有一种典型的倾向和习惯，那就是将尽可能多的任务合并到现有的日程安排中。如果这对你来说是新鲜事，不要难过，从现在开始尝试。

用一副望远镜去观察两只鸟。

岩石、鹅卵石、沙子

51

你是否很难挤出时间去做最重要的事情？那就用“岩石—鹅卵石—沙子”的方法来进行重要性排序吧。把时间看作一个罐子，岩石代表最重要的事情，比如把快要空的油箱装满；鹅卵石代表不紧急但重要的事情，比如清理办公桌或电子邮件收件箱；最后是沙子，也就是不重要的事情，把罐子的剩余空间填满，比如纵情观看电视节目。如果你先用沙子装满了罐子，哪里还有放鹅卵石和岩石的空间呢？

先用大的石头（最重要的事情）装满罐子。

52

用你喜欢的方式沟通

如果有数以十亿种处事之道，那么与他人沟通的方式或许也同样多。知道了这一点，你就明白在日常交流中，你一定会对或明显或微妙的语言和非语言信息产生误解，更不用说你自己也会被误解。因此，让别人知道你喜欢的信息接收方式是至关重要的。你更喜欢面对面交流、发短信、发电子邮件还是打电话？达成共识，这样你们就能在同一时间，以同样的速度阅读同一本书。

共同之处越多，我们就会越快乐。

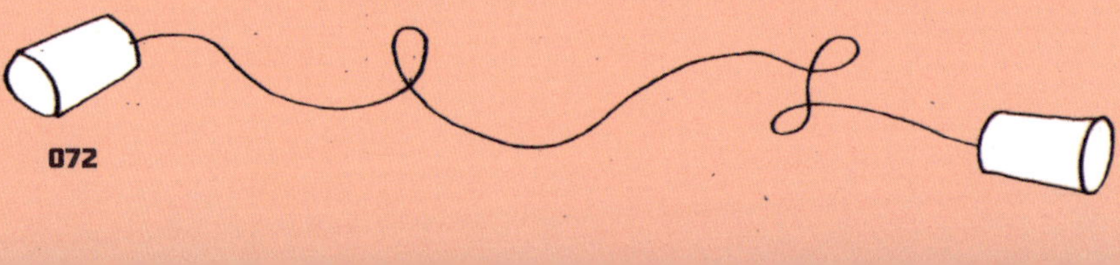

53

把个人物品放在你能找到的地方

回家之后，把手提包、钥匙、钱包和手机放在同一个地方。上车之后也是如此。我的一位朋友经常接到善良的陌生人和当地政府的电话，通知他丢失的个人物品找到了。毫无疑问，他经常为这种情况感到紧张，但谁不会呢？我们的生活不需要更多压力或拖延了。因此，照我说的做，你会感谢我的。

重复是时间管理之母。

54

充分利用开车时间

你花多少时间开车往返于工作地点或学校，以及参加社交和体育活动？如何在开车的等候时间提高效率？你能否通过做一些深呼吸练习，或者听听鼓舞人心或有趣的有声读物以及电台来放松一下，而不是变得焦躁不安？或者进行一些重要的免提通话？你最后一次给妈妈打电话是什么时候？

把开车的时间看作空闲时间。

55

一次性支付所有的网络账单

如同债务整合，一次性支付所有费用不仅能节省时间，还会因为省略了细节而使烦人的感觉烟消云散。到期时间和支付方式各有不同的待付账单会在你想睡觉的时候绕上心头。网上银行、即时转账和订阅服务使得一次性支付网络账单变得轻而易举，所以没有理由不这么做。

记住一个时间管理的恒定法则：一劳永逸。

56

从小事做起

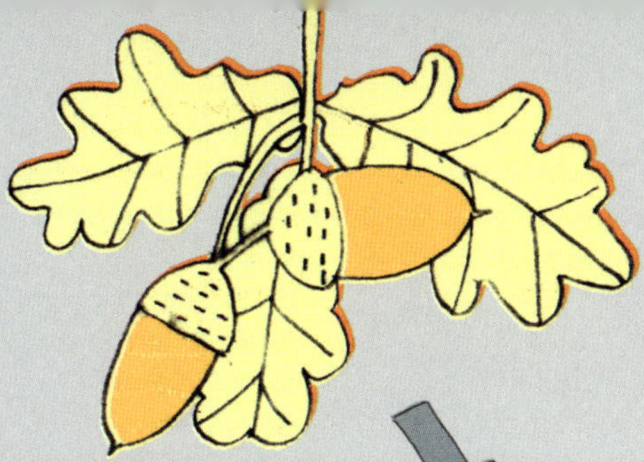

每个人和每件事都有其无形的能量，这证明了无论起点多么卑微，你都可以并且将会成长。根据你最珍视的事物谨慎地规划生活，在适当的时机挑战自我。开始做新的事情时，要有耐心，因为大自然有自己的时间表。

一步一个脚印，因为罗马不是一天建成的。任何有意义的事情都是如此。

57

在墙上挂一个时钟

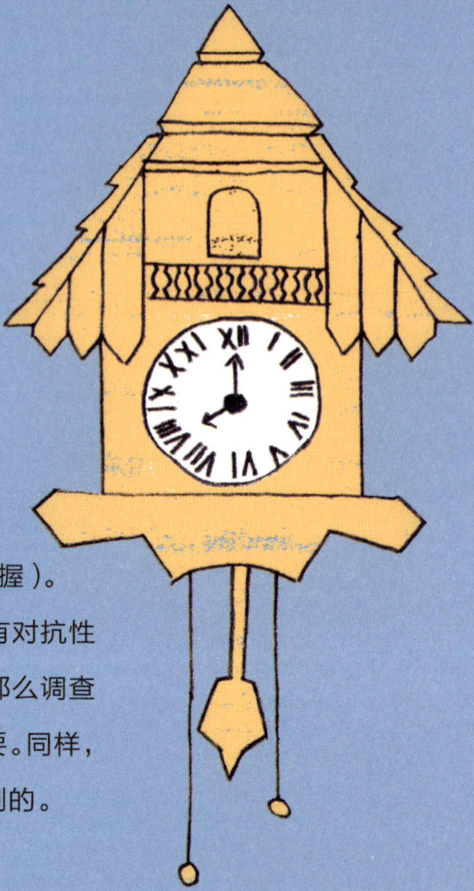

时钟嘀嗒嘀嗒地走着，它唯一的目的是提醒你对时间的掌握程度(或缺乏掌握)。无论你对生活的态度是积极的还是具有对抗性的，如果要计划和组织一天的活动，那么调查如何度过生活中的每分每秒都至关重要。同样，测量和跟踪调查的事物也是你可以控制的。

时间是你的朋友。

58

雇用虚拟助理

尽管虚拟助理已经改变了我们的工作方式，但它们是否、何时、如何改变我们的休闲方式仍有待观察。如果你是个体经营者，那么“私人”时间往往是“行动”时间，在这种情况下，雇用他人来完成重复性的、耗时的或麻痹大脑的任务可以拯救你的生活，使你免于陷入没有自由时间的无尽深渊。

经验告诉我们：一分钱一分货。

59

从难事做起

我的导师说过，如果你做了容易且舒服的事情，生活最终会变得艰难又不爽；反之，如果你做了困难且不舒服的事情，那么生活就会变得轻松又舒适。换句话说，如果希望得到一个理想的结果，就要付出代价。一开始，管理时间可能是困难、不舒服的，但它将为你的余生带来回报。

如果想要拥有从未拥有过的东西，
就必须去做从未做过的事情。

60 协调家庭日程

与家人共进晚餐并同步手表的时间，而不是独享一份颓靡的甜点。这是极端的行为，但你明白我的意思。你们可能已经进行了充分的沟通来达成合作，但你仍需打磨边缘，提高合作的顺畅度。比如询问你的伴侣周末是否想出门，你的孩子是否爱吃你做的饭。一旦你们的配合发挥作用，就会让你在回家后身心都释放出喜悦的信号。你可以根据每个人的喜好和时间安排家务和计划出行，享受更多的“私人”时间。

家和才能万事兴。

61

不做决定

如果你觉得自己深陷在流沙中，被“分析瘫痪”所麻痹，并把时间浪费在担心做出“错误”的决定上，那么首先你要明白：没有所谓的“错误”决定。如果发现自己正走在一条乏味的道路上，你可以停下来，改变方向，允许自己不做决定。这是暂时的回避，但如果运用时机恰当，它会是一张好牌。

决定不做决定。

62

安排爱好

在日历上写下游戏时间，不要用铅笔，要用粗头的黑色记号笔！如果不能坚守承诺，花时间做一些能激励你和让你放松的事情，以获得工作和生活的健康平衡。因为一旦生活失去平衡，可能你永远不会理解有效时间管理的理念（更不会践行这一理念）。如果你每周只能挤出一小时也不要担心，只管去做吧。就像把所有收入的 10% 储存起来一样，未来你会收获意想不到的丰厚回报。

如果你找不到时间享受(或探索)一个爱好，那么是时候好好想想了。

63 给活动设定时间限制

如果你知道洗头从头到尾需要一小时，那就设置一个计时器。是的，这会剥夺乐趣，所以可以为自己不喜欢的任务设定时间限制。比如，每天只花一小时洗衣服，或者将新年的购物限制在一天或一周内。但如果这是一件琐事，那就尽你所能把每个人的愿望清单纳入自己的行程之中。即使没有成功，也不必一试再试，反思一下自己是在哪里耽误了时间。

你很少在下班后工作，那么为什么不在其他时间对自己负责呢？

64

忽略未接来电

比起追查一个未接来电，你有更重要的事情要做。打开未接来电提醒是一个恶性循环，这可不是你想玩的游戏。如果某人没有再次来电，说明他没有什么重要的事。那对你而言，这件事又怎会如此重要呢？

请在哔声后留言。

65

记录时间日记

把日常活动和课外活动记录在日记或日志中，你会发现哪些任务每次消耗的时间最多。许多人都想知道给客户开账单，或者完成一幅画、一座雕塑、一盘录音需要多长时间。你能测量的内容正是你可以跟踪记录的。你可以跟踪记录的也正是你可以控制的。了解这些会有助于你合理安排计划。

合理安排事情的优先级。

66

完全忘记时间

在一本关于时间管理的书中，完全忘记管理时间可能是违背直觉的，但如果在个人和职业生活中掌管和监督一切让你倍感压力，并以某种形式造成了伤害，那么就休息一下。如果开心的时候时间过得飞快，那么当事情不那么美好的时候，时间是否会慢慢停止，看着你受苦呢？

时间是朋友还是敌人？不管是哪个，你都可以自己选择。

第三章

Chapter.03

美好时光

约会之夜

67

“1”并不是最孤独的数字。安排一个约会之夜，和一个特别的人共度一段一对一的时光。这不只局限于和伴侣，也可以是母子约会、朋友约会。每个人都希望自己是特别的，如果没有合适的人，可以试试为你的宠物戴上牵引绳，与狗狗约会可能意味着带着你的狗进行长距离散步，这会让你感到放松。

只与一个人共度开心时光可以让你集中精力倾听，并专注地同他交谈——这会让他觉得自己很特别。作为回报，他也会为你做同样的事，你会感到自己被重视、被理解、被联系。还有什么比这更好的方式来度过宝贵的时间呢?

与生命中最重要的人共度最美好的时光。

68

屏蔽干扰

当你处于专注状态时，是什么转移了你的注意力，扰乱了你的计划？在任何情况下，短信提醒、闪烁的广告、持续吵闹的孩子、频繁的邮件、在办公室像寻找花蜜的蜜蜂一样嗡嗡作响的同事，以及无数其他干扰都会让你失去平衡，让你心烦意乱，以致很难恢复镇静。但你必须恢复。

如果被琐事分心，
你就不能完成大事。

69

这重要吗？

如果某件事对你很重要，请继续做下去。如果你怀疑某件事是否值得花时间和精力，那就问问自己这个问题吧。你可能只是揭示了一个能帮你看清问题的内在真理或相反的观点。最终，你做的每件事、每个决定，投入的时间和精力都取决于你自己。这就是为什么质疑一切可以在一开始就阐明你的动机和观点。

时间会告诉你什么是重要的。

70 忽视“正确情绪拖延症”

如果你患有一种被称为“正确情绪拖延症”（right-mood procrastination）的常见疾病，而且你的情绪比你居住地的天气变得还快[这就是等待“合适”（right）的时间去做某件事会导致生活空虚和不满的原因]，那么你可能会失败，会经历挫折。然而，失败只是证明有些事情行不通，挫折只是提醒你实现目标还有其他方式。你需要想清楚了。

采取边走边学的态度。

想法：“我没有受过良好的教育。”

行动：对自己有足够的信心，报名参加一门课程，向前辈们学习。

想法：“我在等待，直到我有足够的资源。”

行动：运用你所拥有的一切，做力所能及的事情。遇到（真实的或想象的）障碍时，使出自己有形或无形的储备资源。

想法：“我的心理咨询师说现在不是合适的时候。”

行动：如果你觉得心理咨询有价值，那么就去获取所需信息，知道什么时候该踩油门，这样当绿灯亮起时，你就可以继续前进了。

想法：“我不喜欢。”

行动：你不喜欢什么？不喜欢享受完成目标和实现梦想的胜利？坐在电脑前，走到车间，拿起电话，或者打开抽屉。当你把注意力放在某件事情上时，无形的力量会助你一臂之力。

想法：“我害怕自己会失败。”

行动：如果让恐惧来做决定，那么你将永远痛苦。励志演说家建议去感受恐惧，无论如何都要付诸行动。所以你有什么可损失的呢？

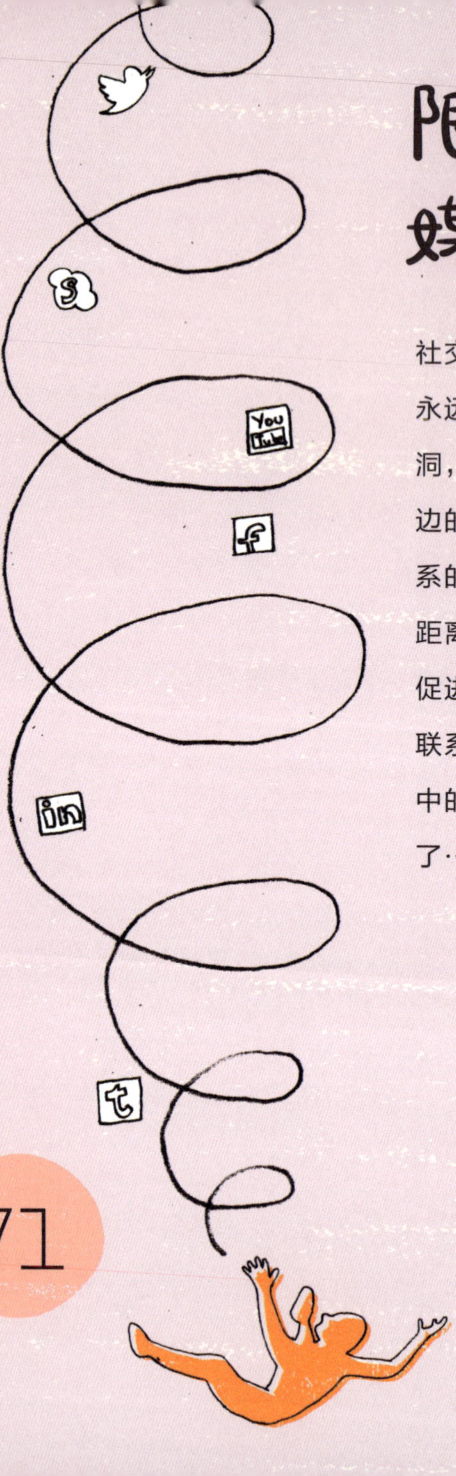

71

限制花在社交媒体上的时间

社交媒体如同一口井，如果掉进去，你可能永远找不到出口。社交媒体网站是一个无底洞，就像漩涡一样，可能会把你卷入浩瀚无边的空间，再也无法返回。互联网对人际关系的处理大有益处，众所周知，它弥合了因距离和时间而分隔的人们之间的鸿沟，同时促进了跨越代际和兴趣爱好的志同道合者的联系。但凡事都有两面性，当你掉进互联网中的时候，时间可能（也确实）很快就消失了……

在社交媒体上出名，就像在“大富翁”游戏中变得富有，都是虚拟的。

72

找时间玩

你已经知道，找各种消遣来自娱自乐，用创造性的活动来取悦内心，会释放你的身心。在玩乐时你将不再为要把每件事都安排到日程表中而感到焦虑，也不再为要概括某一活动的精华而担忧。但要把握好度，平衡好玩乐与时间管理的天平。因为在玩乐后头脑与身体都处于兴奋状态，适合做一些事情。

“玩耍是研究的最高级形式。”
阿尔伯特·爱因斯坦（Albert Einstein）

73

预计延迟

无论你努力完成了什么，都不可避免地会遇到挫折、拖延、沮丧和障碍。大自然有自己的时间轴，就像钟表发条一样。有时你和他人以同样的速度行进，有时你似乎落在了后面。不过，在极少数情况下，你可能会觉得自己打败了时间，走在了前面。但不要太骄傲，告诉自己，这是一种错觉，因为你的命运和上次那件被发货、运送的加急包裹几乎一样，虽然提前收到了，但却浪费了你在中间沟通的时间。

前进两步，后退一步。

74 活在当下

你要记住，我们只能体验“现在”。因为过去发生在自己身上的事情早已不在（除了在记忆中），也不用再耗费时间去体验想象中的未来。因为过去已成历史，未来仍是谜团，所以你要做的是活在当下。

此刻，除了你所在的地方，你哪里都去不了。

75

管理自己的精力

耗竭精力到无法回头的地步，绝对不是管理时间的好办法。想要提高效率，必须为自己的健康负责，并以一种能保存和传递力量的方式行事。没有情感、身体和精神上的储备，你几乎是个废人。当这种情况发生时，所有的时间管理策略都将失效。

控制好自己的节奏。

安排创造性时间

76

除了药物和心理治疗，创造力也可能是解决所有问题的灵丹妙药。每天留出 7 分钟（越多越好）去玩耍、探索、尝试，甚至把事情搞砸。给自己发挥的机会，你会为之震惊。你要知道你的内心深处还有许多未知的世界，你要做的就是给自己一点时间，在迷雾中漫步，去发现那些原始的、丰富多彩的、创新的和幻想的意象，它们正等待着从你的身体里迸发出来，呈现在页面或屏幕上。

每个人内心都有一个渴望出来玩耍的孩子。

77

多做点饭

邀请朋友、家人和邻居共度烹饪或烘焙日，一起做顿大餐。如果你更喜欢独处，那就购买所需的储藏容器和食材，准备好一周的饭菜、零食或大餐。与其烤一盘布朗尼（brownie），不如烤五盘。把它们冷冻起来，以备不时之需；或者带着它们去上班，在同事和领导面前积攒一些“印象分”（brownie points）。

在冰箱里装满食物。

78

定制个性化新闻

被大量信息淹没？被毫无意义的事实和数字轰炸？只在需要的时候获取必要的信息，长此以往，这将为你节省几年的时间。你喜欢运动吗？只订阅并收听你最喜欢的体育新闻频道、公众号或节目。只接触最相关的信息来源可以让你忽略其他无用和耗费时间的八卦信息。

没有必要为了参与肤浅的聚会攀谈而忍受大量信息。

79

不要托运行李

乘飞机、乘船、坐巴士或火车时，选择轻装出行，把所有物品放在随身行李中，这样你可以轻松地节省一个下午的时间，或者手拿鸡尾酒在泳池边悠闲地度过这个下午。否则，当结束异国假期再次归来时，你可能再也见不到你的百慕大短裤和纪念品了。那可能是最坏的情况。多数情况下，你还要站在那里，一边看着时钟慢慢地走，一边等着传送带上的行李。

不必证明有耐心是一种美德。

80

学会快速阅读

对于真正有时间观念的人来说，快速阅读才是一种先进的个人和职业发展策略，它适合最热切和希望将阅读到的信息转化为所需信息的学习者。如果你的阅读理解能力很强，为什么不看看你能把多少东西塞进大脑？如果你真的想要充实自己的知识库，那么有大量的丰富资源供你选择。

如果你喜欢阅读，但苦于没有时间，那么快速阅读或许是你通往文学道路的答案。

将纪念品数字化

81

你的车库、地下室或阁楼里是否堆满了旧的剪贴簿、相册、工艺品、音乐或电影收藏品？你会租储物柜来安置装不下的纪念品、收藏品吗？如果上述问题中有一个答案是肯定的，那么是时候将一些纪念品扫描、拍成数码照片并“刻录”到硬盘上了，这样可以减少生活空间里的杂物。

数字文件不会变坏或占用空间。

82 使用全球定位系统

以前你是怎么找路的？虽然很麻烦，但你确实能够到达你想要去的地方。现在不必如此麻烦。你有全球定位系统（GPS），它可以精确定位你在地球上的任何位置，误差仅有几米。你或许知道这一点。可怕吗？是的。重要吗？或许不重要。有用吗？肯定有用。从此你再也不用因为迷路而浪费时间了。

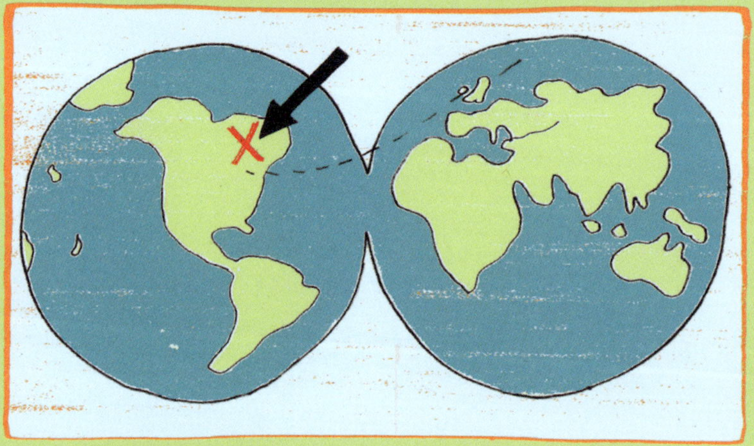

如果你长时间手握方向盘，那就选择免提和语音控制模式。

83

沟通

在计划每一天、每一周、每一月或每一年时，请与相关人员商量并沟通。很少有人能读懂别人的心思，自己一个人也做不了很多有价值的事情，所以如果你想及时完成任何任务，必须与周围的人沟通你的计划、愿望和感受。但当你必须分享心中所想时，交流会变得更困难，因为分享敏感的事情需要更多的关注和关怀，你是否同意这一点呢？

表达心声从来不是浪费时间。

84

网上购物

大多数在线零售商均提供包邮和无理由退货退款政策，这是明智的，因为他们知道很多人更喜欢在付款前亲自检查商品。网上购物的优点显而易见，通常它比在大街上购物更快、更容易、更便宜。日益激烈的网络竞争迫使各种类型和规模的零售商为你提供想要的东西，这意味着你有更多选择，也能省下更多钱。

世界变得触手可及，想减少购物冲动的话就减少使用信用卡。

85

用手指来“行走”

拥有几十年历史的北美最大的电话簿出版商将这句简单的话当作企业的座右铭。其实时间管理的一项重要技能已经被概括为这简单的 6 个字（本文标题）。翻阅电话本、黄页并非只是在浪费时间，因为手指可以翻到的地方能代替你亲自前往。

用数字★走路，而不是用脚。

★注：“数字”的英文为digits，digits在英语中也有“手指”的意思。

86

大量采购

大量采购得越多，需要去购物的次数就越少。去购物的次数越少，遇到交通堵塞、排队等候、浪费时间寻找所需商品的次数就越少。如果这一理念吸引了你，你要知道你并不是一个人。大宗商品商店和仓储式超市的存在是有道理的，你也不会被贴上囤积爱好者的标签，除非你已经开始为僵尸末日储备物资（在这种情况下，你已经知道了大量采购的好处）。

为了节省更多的时间和金钱，在街坊、社区或大家庭里组织一个大量采购小组吧。

87

来自朋友们的帮助

需要帮助时不要乞求援助或贿赂别人，迎合“助手（朋友）们”的个人利益，这样他们会在拿到登船许可之前就成为你的船员并帮你工作。友好地询问，并解释为什么你的助手是这份工作的合适人选，这样你就不用为物色人才而头疼了。这样做，最后跳槽或被解雇的船员也会更少。

人手多 = 干活少。

“你还记得去年你在托尼家贴的墙纸吗？它可真好看啊！我只是想知道我能否问你一些问题。”

“亲爱的，我需要从杂货店买些东西。你能帮我跑一趟吗？你可以用剩下的钱给自己和妹妹买些零食。”

“我们一起做怎么样？你今天做，我明天完成。”

“如果你同意下个月帮忙宣传营销，那么我很乐意为你的项目邀请嘉宾。”

“这个周末你想过来吃晚饭吗？我喜欢你上次做的甜点——它太棒了。”

“嘿，巴尔布。因为发生了一些事情，今天下午我要去办点事，可以把比利送到你家待一个小时吗？我很乐意下周还你人情。”

加满油箱

在极少数的情况下，你可能会把车没油当成一种冒险，但在高速公路上（或任何计划外的地方）开到车完全走不动，这可一点都不好玩。不断地在各处停车买 10 块钱的汽油，甚至冒着烟雾滑行进城也并不有趣。在到达加油站之后，请把油加满。或者更好的办法是，让配偶或孩子帮忙。

88

一辆省油的汽车将节省加油的时间和开销。

89

提前索取账单

要求服务员在你用餐结束后马上结账，这将为你节省几分钟时间。在一家繁忙的餐馆里，尤其是当你很着急的时候，加快这一通常漫长的过程可以让你轻松离开，迅速上路。

只在你真需要赶快离开的时候使用这条建议。

90

关闭手机

你上次关闭手机是什么时候？手机绝对是技术进步的奇迹，是它使生活变得无比多产，使工作变得更加高效，但它也可能剥夺了你那些本可以更好地利用的时间。智能手机不仅是通信设备，现在它们还兼具了日常生活中所需的很多功能，如果加以利用，你将处于明显的优势。但老实说：你的屏幕使用时间中有多少是用来发掘这些优势的呢？

按下关机键，放下手机，
保持一天。

91

切断联系

当你的周围充斥着让你分心的事情、责任、决定和对你的资源有大量的需求时，你会发现你的时间在加速运转，这只会让你越来越忙，但并不是一切都完成了。你可以放慢速度，停下来，继续生活。秘诀就是远离所有喧嚣。这样一来，你会觉得时间把握在自己手中。

走下旋转木马，偶尔扭转时空。

92

学会更快地打字

你每分钟能精打多少字？和许多人一样，你可能不会逐一手写信件或者报告，那么写一封电子邮件需要多长时间？并不是说打字是一种竞赛，但是在没有电话的情况下，用键盘进行有效沟通可以加快远程通信的速度，提高你的效率。

如果你现在只用 2 根手指打字，那就想象一下用 10 根手指能做什么。

93

完美的温度

把恒温器设置成与你的习惯、时间表和日常生活相匹配的模式，这一小小的改变不仅可以让你免于每天折腾，还能省下从衣橱里挑毛衣、穿上脱下，开关窗户，以及为了生火而砍柴、劈柴和堆垛木材的时间。

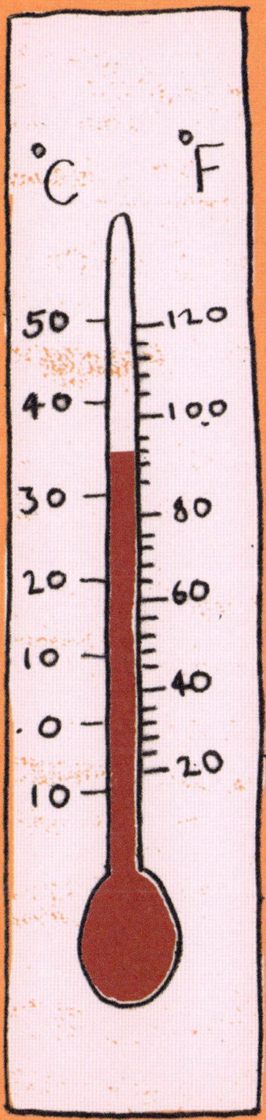

给恒温器设定程序将教会你（或强迫你）规划自己的一天。

94

改善伙食

如果你想有更多的时间来体验人生中的起起落落，可以从现在开始做出更好的选择。食物既是燃料也是药物，所以，摄入的燃料和药物的质量越高，你就会越健康。身体越健康，你就会活得越久，拥有的时间也会越多。一般杂货店里有约 4 万种经过化学加工和含有防腐剂的食物，如果你选择食用它们，那么这些食物会缩短你在地球上生存的时间。如果现在你想改善饮食，但不知道从哪里开始，那就去观看营养学专家的讲座或阅读他们的著作吧。

从食用未经加工的、天然的、“完整”的食物开始。

95

成为更优秀的倾听者

每个人都想被倾听。每个人都希望自己的观点、想法和感受得到重视。一旦成为更优秀的倾听者，你就会发现机会唾手可得。重要人士会更愿意信任你，你会发现自己的人际关系更加牢固、更令人满意。你不会有任何损失，除了此前浪费的时间——你在不会倾听的时候，他人不得不提醒你那些已经收到的指示、被忽略的细节或被委托的敏感信息。

你有两只耳朵和一张嘴巴。
试着听两句，说一句。

96 存更多的钱

如果时间就是金钱，那么节省更多的钱就能节省更多的时间。把更多的钱存进银行会增强你的自尊心；把更多的钱放进口袋会让你在商店做出更健康的选择；把更多的钱用于投资会增强你的生活保障，因为你知道有一天自己可以退休，享受劳动果实。就像银行家、信贷咨询师、经济学家们几十年来一直宣称的那样：把至少一部分血汗钱存起来是谨慎的财务规划，这样可以减少几年被不喜欢的工作奴役的时间。

良好的理财素养始于将所有收入的 10% 存起来。

97 关闭电视

打开电视似乎已经成为一种习惯。每天工作结束回到家的时候，很多人都会打开电视放松一下，即便没有想看的节目，也喜欢手拿遥控器一个台一个台地换来换去。但这真的让你更快乐吗？实际上，看电视会让你缺乏动力、缺少运动，这对身体和精神都不好。节目如此之多，没看的节目也会越堆越多，这是巨大的时间消耗。

据统计，美国人平均每天看 5 小时的电视。如果你希望每天多几个小时可以利用，那么这篇文章的题目就是答案。做出清醒的决定，把电视调到你真正想看的节目，并限定数量，看完就把电视关掉。

从开到关。

98

增加按揭还款频率

别再按月还款了，可以每两周（或每一周）还款一次，以缩短你的贷款时间。根据收取利息的时间和金额不同，你可能会节省不少钱（这不仅能让你口袋里有更多钱，还能让你省出时间用在别的事情上）。

尽快与银行或抵押贷款的经纪人预约。

99 错峰旅行

虽然这是明摆着的事情，但我们大多数人最终都在排队，咒骂前面的人，咒骂前方柜台、货摊、闸机的服务。是的，因为我们的日程安排和其他人一致，所以我们经常被限制在高峰时间旅行。但自由是要付出代价的。你可以试着在周五请假，或试着去家附近的公园野餐。因为在旅行高峰时，马路上、机场里或公共交通工具上的每个人都烦躁不安，所以当你在拥挤的交通枢纽里顶着喧嚣艰难前进时，已经失去了旅行的意义。

没有什么比排队等着，看着时间流逝更让人筋疲力尽了。

周五请假；或者如果周五大家都休息，那就周四请假；或者在后院露营；或者转变思维，让亲戚们来拜访你。

在高峰时期，马路上、机场里或公共交通工具上的每个人通常都烦躁不安，所以当你在拥挤的交通枢纽里顶着喧嚣艰难前进时，“到达目的地本身就是乐趣的一半”也失去了光彩。

避免高峰时间（如果可能的话）出行，这样你就能有更多时间和你爱的人在一起，做自己喜欢的事情，而不是排队等候。

100 微笑

微笑会减少你不得不皱眉面对的所有消极情绪，让你更有动力去处理事情，从而节省你的时间。当你嘴角上扬的时候，制造好心情的生化物质便会释放到血液中，从而舒缓压力、减轻焦虑，让你有时间享受迟来的心灵平静。

微笑会让你成为更优秀的时间管理者。